UM POUCO sobre mim

Meu nome é

_____

Eu nasci no dia _____ de _____.

Prefiro que me chamem de _____.

Tenho _____ anos.

Atualmente, tenho _____ de altura e peso _____ quilos.

Meus cabelos são _____, e eu tenho olhos _____.

Meu animal fantástico favorito é o(a) _____.

Hora da História

Star,
o unicórnio corajoso

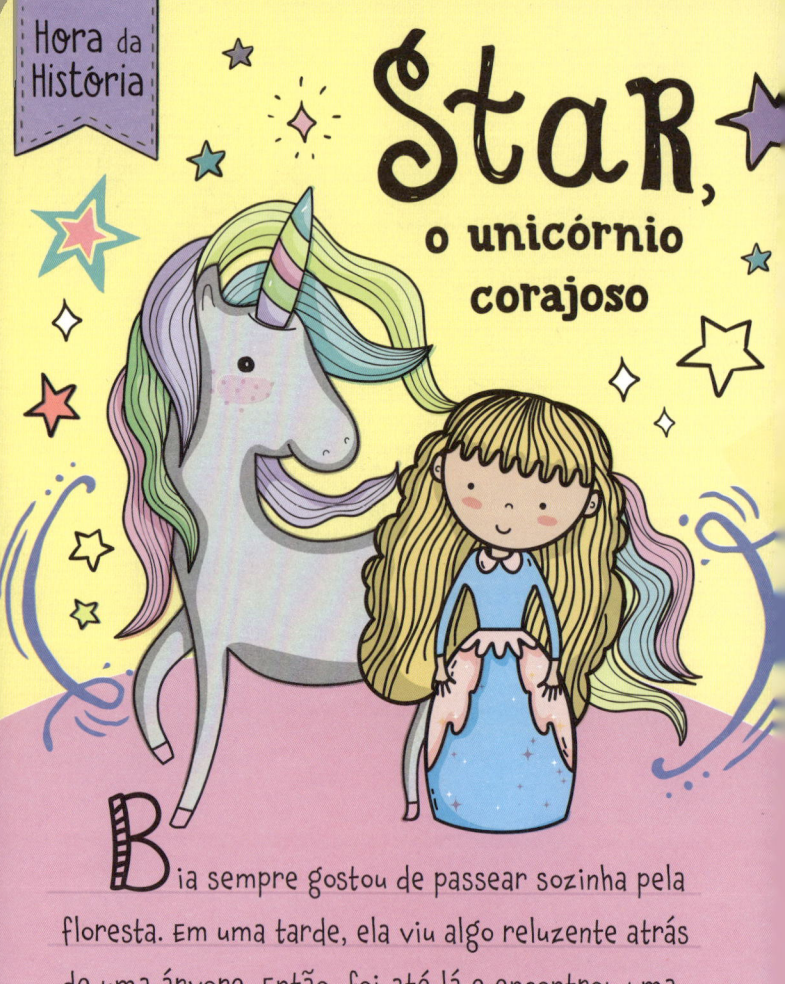

Bia sempre gostou de passear sozinha pela floresta. Em uma tarde, ela viu algo reluzente atrás de uma árvore. Então, foi até lá e encontrou uma cesta coberta com um pano branco.

Ao tirar o pano de cima da cesta, teve uma grande surpresa: viu um lindo unicórnio filhote, com uma etiqueta que dizia "Eu sou Star". A garota levou o filhote para casa, e os dois se tornaram grandes amigos. Com o tempo, Star se tornou um unicórnio grande e corajoso, que sabia voar bem alto.

Certa vez, os moradores da cidade de Bia ficaram assustados com um barulho que vinha da floresta. Star, muito corajoso, voou até a floresta para descobrir o que estava acontecendo.

Lá, ele encontrou uma fadinha presa em um buraco. A asa da fada estava quebrada, e ela não conseguia voar. Então, estava emitindo aquele som para que as outras fadas a escutassem.

Star resgatou a pequena fada e a levou para a cidade. Bia cuidou da bela fadinha, que logo ficou boa e voltou para casa. Os habitantes da cidade agradeceram a Star, e todos comemoraram.

Se você tivesse um unicórnio de estimação, como ele se chamaria?

Unicórnio companheiro

Caso você tivesse um unicórnio, como ele seria?
Crie uma história de vocês dois juntos e a escreva aqui.

Utilize este espaço para ilustrar sua história.

Março

Abril

Julho

Agosto

Setembro

Novembro

Dezembro

Os que curtem os filmes que eu amo:

Quem não perde uma série:

Os que adoram navegar na internet:

Aqueles que amam livros:

Os que adoram conversar:

Amigo diário,

Dia __/__/__

♛ Dom
♛ Seg
♛ Ter
♛ Qua
♛ Qui
♛ Sex
♛ Sáb

Hoje...

Como estou me sentindo?

Amigo diário,

Hoje...

Dom
Seg
Ter
Qua
Qui
Sex
Sáb

O melhor momento do dia:

Amigo diário,

Dia ___|___|___

- ♛ Dom
- ♛ Seg
- ♛ Ter
- ♛ Qua
- ♛ Qui
- ♛ Sex
- ♛ Sáb

Hoje...

O que você gostaria de dizer agora para os seus amigos?

Revelações

Eu prefiro ficar: ___

Se eu pudesse escolher: ___

Nunca gostei de: ___

Eu não gosto de emprestar:

- ___
- ___
- ___

Tenho vontade de viajar para:

- ___
- ___
- ___

Meu maior mico:
_____
_____

Tenho muito medo de:
- _____
- _____
- _____

Fico muito feliz com:
- _____
- _____
- _____

Meus amigos não sabem que:
_____
_____

Gosto muito da companhia do(a):
- _____
- _____
- _____

Olavo é um flamingo que nasceu com as patinhas bem curtas. Sempre que está com os outros flamingos, ele se percebe menor que todos. Por causa de seu tamanho, ele não consegue ver as belas paisagens da floresta e das praias. Muitas vezes, só consegue enxergar seus amigos flamingos.

Mesmo assim, Olavo observa bastante os outros flamingos e vê beleza nos diversos tons de rosa de todos eles. Ele também adora prestar atenção nos pequenos animais que vivem na areia. É muito divertido brincar de encontrar os siris, que se escondem rapidamente, criando buracos por onde passam.

Olavo sabe que cada animal tem um jeito único e que todos têm talentos diferentes. Graças ao seu tamanho, ele é um flamingo muito observador e detalhista. Ele consegue ver que há beleza em todos os lugares e para animais de todas as alturas.

Conte sobre Você...

O que mais você admira em relação a seus pensamentos e personalidade?

♥ _____
♥ _____
♥ _____
♥ _____

O que você gostaria que as pessoas vissem mais em você?

_____
_____
_____

O que gostaria de mudar em você? Por que mudaria isso?

_____
_____
_____
_____
_____
_____
_____
_____

Você é uma pessoa observadora? Gosta de admirar a natureza? Escreva um pouco sobre sua personalidade.

_____
_____
_____

Cada pessoa é diferente. Algum dos seus amigos é bem diferente de você? Como vocês se conheceram?

_____
_____
_____

Algum dos seus amigos é muito parecido com você? O que vocês gostam de fazer quando estão juntos?

♥ _____
♥ _____
♥ _____
♥ _____

Quais são seus principais talentos?

♥ _____
♥ _____
♥ _____
♥ _____
♥ _____

Amigo diário,

Dia _ _ / _ _ / _ _

Hoje...

- 👑 Dom
- 👑 Seg
- 👑 Ter
- 👑 Qua
- 👑 Qui
- 👑 Sex
- 👑 Sáb

Como está o dia hoje?

Tempestade

Chuva

Sol com nuvens

Sol

Dia __/__/__

Amigo diário,

Hoje...

Dom 👑
Seg 👑
Ter 👑
Qua 👑
Qui 👑
Sex 👑
Sáb 👑

Amigo diário,

Dia __/__/__

Hoje...

- Dom
- Seg
- Ter
- Qua
- Qui
- Sex
- Sáb

Fênix,
o unicórnio questionador

Fênix vivia no Vale dos Unicórnios, um lugar com diferentes animais encantados. Ele era um ser mágico muito questionador, que sempre defendia suas opiniões.

No Vale, todas as criaturas precisavam seguir regras criadas há muitos anos. Contudo, muitas delas não faziam mais sentido, pois as coisas mudavam bastante com o tempo. Por isso, Fênix sempre questionava uma regra que dizia o seguinte: "unicórnios filhotes não podem brincar com areia mágica, pois isso faz suas asas mudarem de cor para sempre".

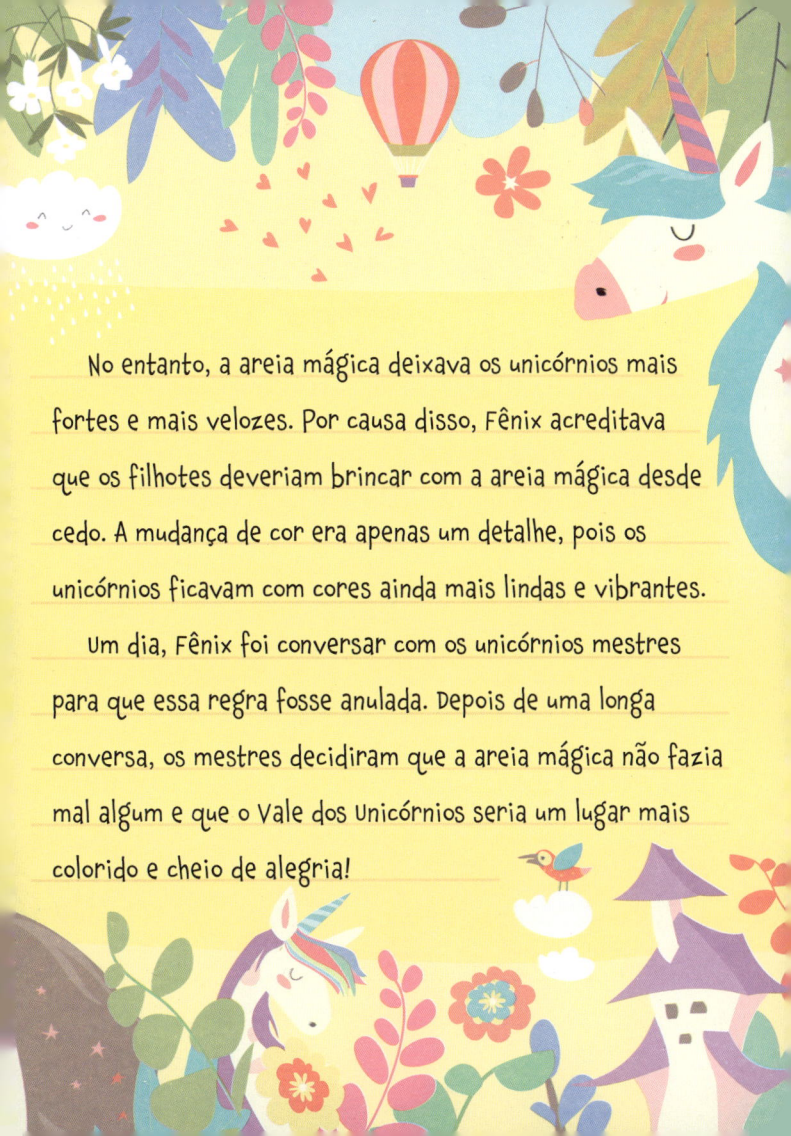

No entanto, a areia mágica deixava os unicórnios mais fortes e mais velozes. Por causa disso, Fênix acreditava que os filhotes deveriam brincar com a areia mágica desde cedo. A mudança de cor era apenas um detalhe, pois os unicórnios ficavam com cores ainda mais lindas e vibrantes.

Um dia, Fênix foi conversar com os unicórnios mestres para que essa regra fosse anulada. Depois de uma longa conversa, os mestres decidiram que a areia mágica não fazia mal algum e que o Vale dos Unicórnios seria um lugar mais colorido e cheio de alegria!

CONTE sobre VOCÊ...

Você já precisou se adaptar a novas regras? Como se sentiu?

_____
_____
_____
_____
_____

Você gostaria de mudar algo em casa ou na escola? Por que você mudaria isso?

_____
_____
_____
_____
_____

Com quem você conversaria para que essa mudança acontecesse? Escreva como você falaria a respeito disso.

_____
_____
_____

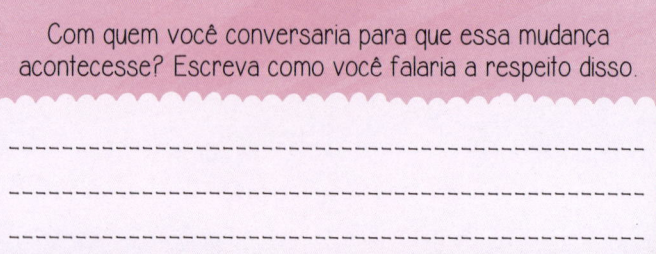

Você já mudou de cidade ou de escola? Se sim, como foi?

_____
_____
_____

Você já descobriu algo novo com um amigo que tinha a opinião diferente da sua? Como foi? O que você sentiu?

_____
_____
_____
_____
_____
_____

Alguém já fez você mudar de opinião a respeito de algum assunto? E você, já expressou seu ponto de vista para ajudar alguém?

_____
_____
_____
_____
_____
_____

Frase inspiradora:

_____
_____

 Dia

Amigo diário,

Dom
Seg
Ter
Qua
Qui
Sex
Sáb

Hoje...

Como está o dia hoje?

 Tempestade

 Chuva

 Sol com nuvens

 Sol

Amigo diário,

Dia _ _ / _ _ / _ _

- Dom
- Seg
- Ter
- Qua
- Qui
- Sex
- Sáb

Hoje...

Como estou me sentindo?

Dia

Amigo diário,

Hoje...

Dom
Seg
Ter
Qua
Qui
Sex
Sáb

Amigo diário,

Dia
__/__/__

- ♛ Dom
- ♛ Seg
- ♛ Ter
- ♛ Qua
- ♛ Qui
- ♛ Sex
- ♛ Sáb

Hoje...

O melhor momento do dia:

Qual show você gostaria de ver?

Você sabe ou já quis aprender a tocar algum instrumento musical?

Você gosta de cantar? Já cantou músicas em outros idiomas?

Você já montou ou pensou em montar uma banda com seus amigos? Quem você convidaria para participar?

Você já escreveu alguma música? Sobre o que é? Já mostrou para alguém?

Hora da História

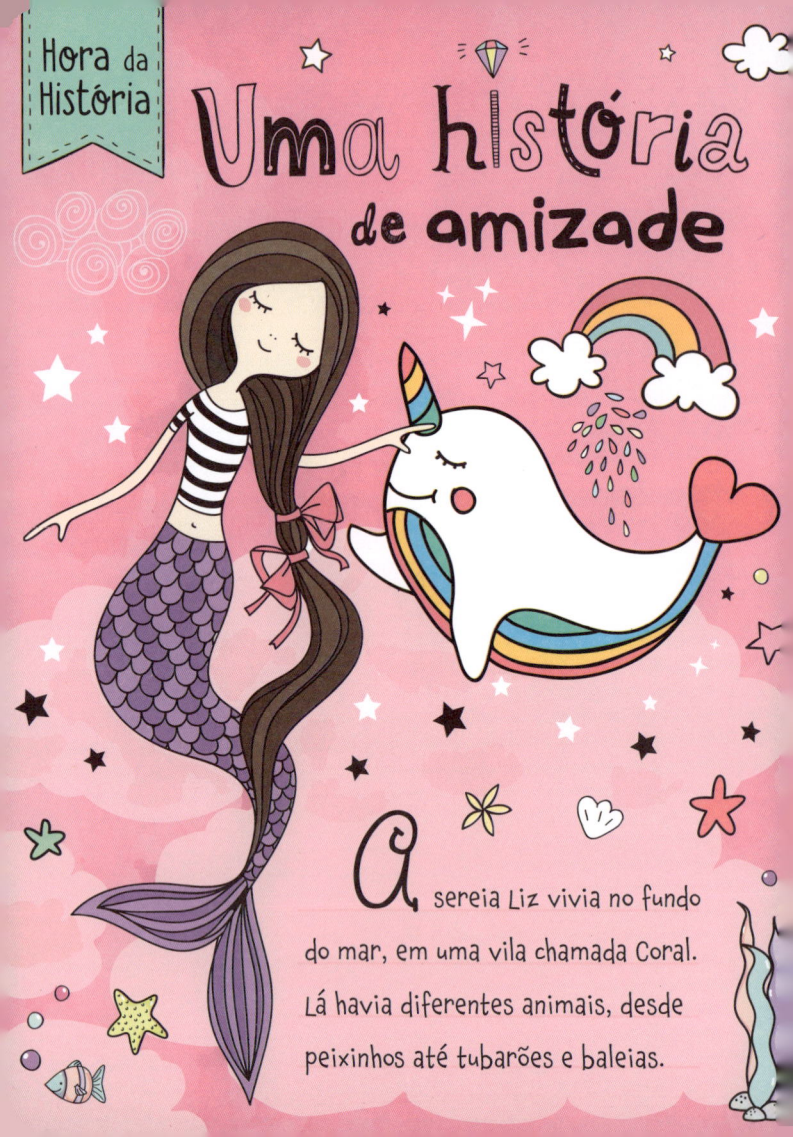

Uma história de amizade

A sereia Liz vivia no fundo do mar, em uma vila chamada Coral. Lá havia diferentes animais, desde peixinhos até tubarões e baleias.

Liz adorava contar aos seus amigos animais muitas histórias incríveis sobre a vida fora d'água.

Certa vez, ela contou a história de Sol, uma menina que encontrou um cãozinho. Sol procurou em toda a cidade, mas não achou os donos dele. Ela o levou para casa, e os dois se tornaram grandes amigos.

Um dia, Sol estava brincando, quando sua mãe lhe disse que o dono do cãozinho, um menino, havia aparecido para buscá-lo. Muito triste, a menina abraçou o cachorrinho e o pegou no colo. Ao ver seu dono na porta, o cãozinho pulou do colo de Sol e latiu de felicidade. No mesmo instante, a menina entendeu que o cãozinho já tinha um lar... Então, ela se despediu do amigo.

Liz terminou de contar a história e percebeu que seus amigos do mar estavam tristes. Ela então explicou que Sol havia sido generosa e que agora ela havia ganhado dois novos amigos: o menino e o cãozinho.

Conte sobre você...

Você tem algum animal de estimação? Se sim, qual? O que vocês fazem juntos?

_____
_____
_____

Qual animal você gostaria de ter? Que nome você daria para ele?

_____
_____

Você tem medo de algum animal? Se sim, de qual?

_____
_____

Desenhe ou cole uma foto do seu bichinho de estimação.

Se você pudesse ter um animal diferente, qual seria? Desenhe ao lado.

Dia _ _ / _ _ / _ _

Amigo diário,

Hoje...

_____
_____
_____
_____
_____
_____
_____
_____
_____
_____
_____
_____
_____
_____
_____

Dom
Seg
Ter
Qua
Qui
Sex
Sáb

De qual estação do ano você mais gosta?

Verão Inverno Outono Primavera

Amigo diário,

Dia _ _ / _ _ / _ _

- ♛ Dom
- ♛ Seg
- ♛ Ter
- ♛ Qua
- ♛ Qui
- ♛ Sex
- ♛ Sáb

Hoje...

⬅ O que você guardaria neste potinho?

Dia _ _ | _ _ | _ _

Amigo diário,

Hoje...

| Dom | Seg | Ter | Qua | Qui | Sex | Sáb |

Amigo diário,

Dia ___/___/___

- Dom
- Seg
- Ter
- Qua
- Qui
- Sex
- Sáb

Hoje...

MURAL da amizade

Peça para seus amigos deixarem recadinhos para você. Guarde sua caneta mágica e entregue para eles uma caneta comum.

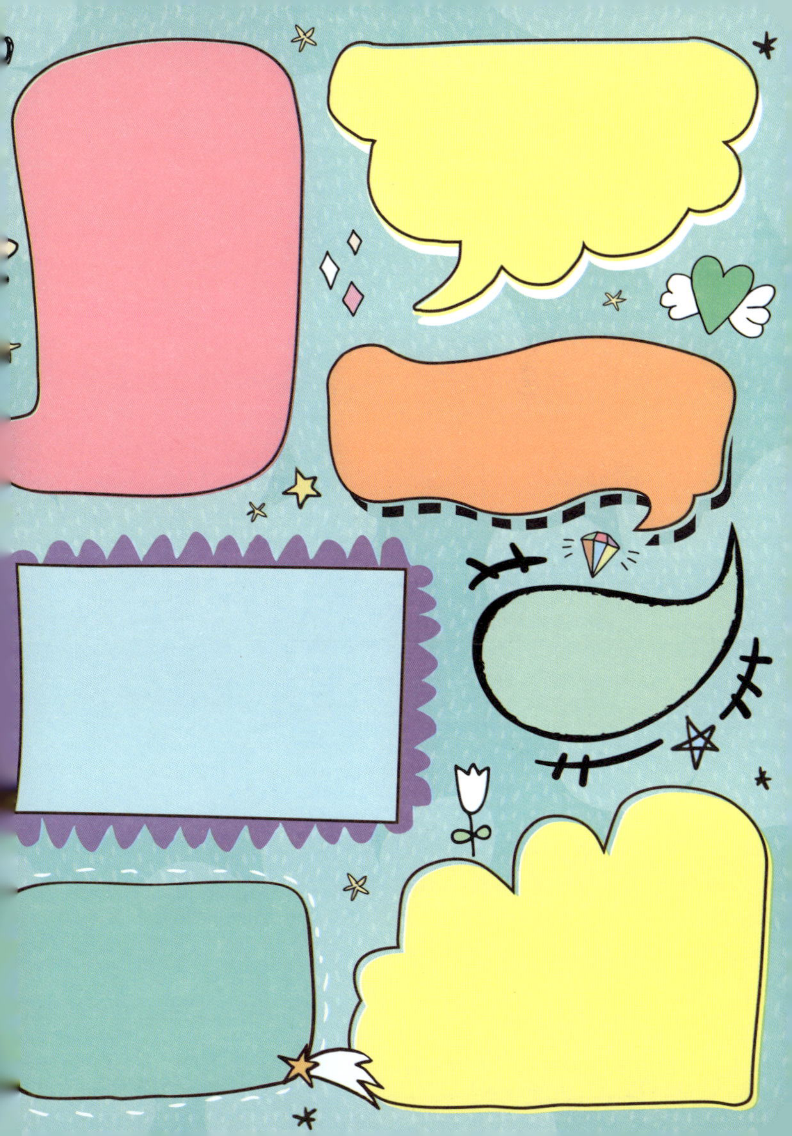

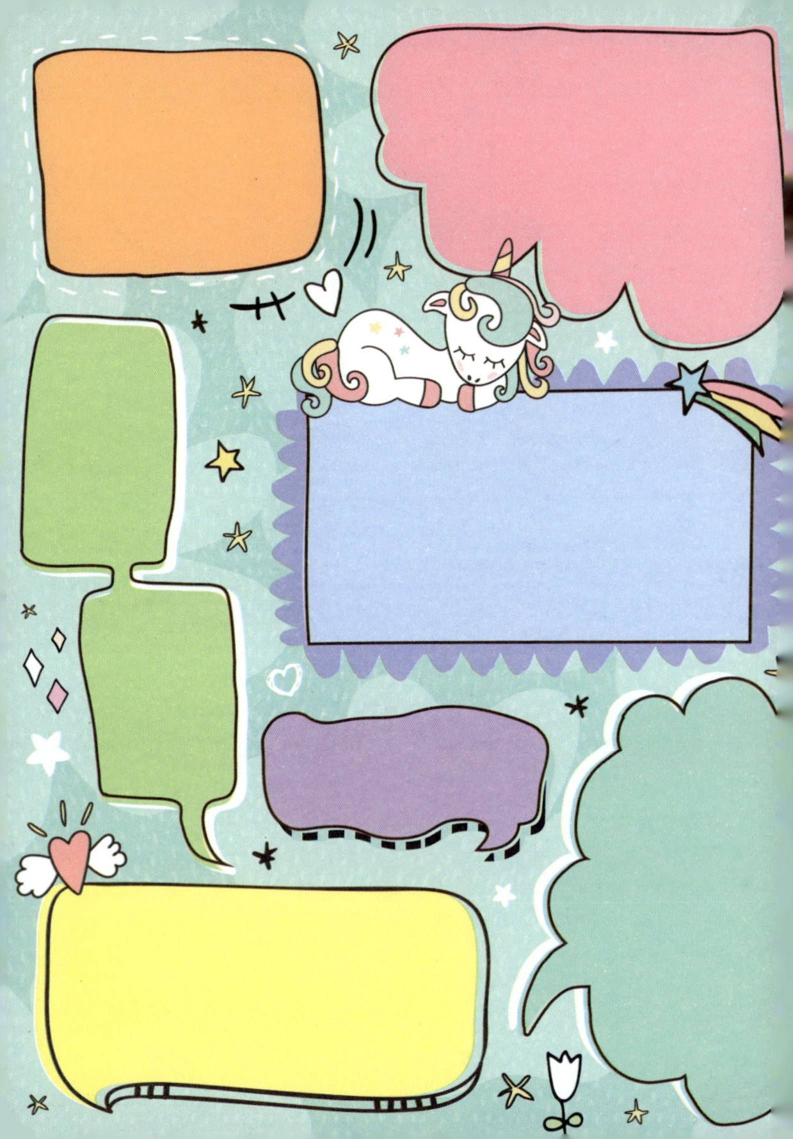